Ernst Probst

AF151000

Die Aunjetitzer Kultur in Österreich

Eine Kultur der Bronzezeit vor etwa 2300/2200 bis 1800 v. Chr.

Dokument Nr. V180725 aus dem GRIN Verlagsprogramm

Ernst Probst

Die Aunjetitzer Kultur in Österreich

Eine Kultur der Bronzezeit vor etwa 2300/2200 bis 1800 v. Chr.

GRIN Verlag

Die Deutsche Bibliothek verzeichnet diese Publikation in der Deutschen Nationalbibliografie; detaillierte bibliografische Daten sind im Internet über http://dnb.d-nb.de/ abrufbar.

1. Auflage 2011
Copyright © 2011 GRIN Verlag GmbH
http://www.grin.com
Druck und Bindung: Books on Demand GmbH, Norderstedt Germany
ISBN 978-3-656-03559-6

Frau aus der Zeit der Unterwölblinger Gruppe,
(etwa 2300/2200–1800 v. Chr.) im südlichen Niederösterreich.
Die Unterwölblinger Gruppe war ein Nachbar
der im nördlichen Niederösterreich heimischen Aunjetitzer Kultur.
Ausschnitt aus einer Zeichnung
von Friederike Hilscher-Ehlert, Königswinter,
für das Buch »Deutschland in der Bronzezeit« (1996)
von Ernst Probst

Ernst Probst

Die Aunjetitzer Kultur in Österreich

Ein Kultur der Bronzezeit
von etwa 2300/2200 bis 1800 v. Chr.

Widmung

Dr. Elisabeth Ruttkay (1926–2009)
und Dr. Johannes-Wolfgang Neugebauer (1949–2002)
gewidmet,
die mich bei meinen Büchern
»Deutschland in der Steinzeit« (1991) und
»Deutschland in der Bronzezeit« (1996)
unterstützt haben,
sowie der wissenschaftlichen Graphikerin
Friederike Hilscher-Ehlert

Inhalt

Der dänische Archäologe Christian Jürgensen Thomsen
(1788–1865) hat 1836 die Urgeschichte
nach dem jeweils am meisten verwendetem Rohstoff
in drei Perioden eingeteilt:
Steinzeit, Bronzezeit und Eisenzeit.

Vorwort

Eine Kultur, die in der Frühbronzezeit vor etwa 2300/2200 bis 1800 v. Chr. im Weinviertel und am Ostrand des Waldviertels im nördlichen Niederösterreich ihre Spuren hinterließ, steht im Mittelpunkt des Taschenbuches »Die Aunjetitzer Kultur in Österreich«. Geschildert werden die Anatomie und Krankheiten der damaligen Ackerbauern, Viehzüchter und Bronzegießer, ihre Siedlungen, Kleidung, ihr Schmuck, ihre Keramik, Werkzeuge, Waffen, Haustiere, Jagdtiere, ihr Handel und ihre Religion.

Verfasser ist der Wiesbadener Wissenschaftsautor Ernst Probst, der sich vor allem durch seine Werke »Deutschland in der Urzeit« (1986), »Deutschland in der Steinzeit« (1991) und »Deutschland in der Bronzezeit« (1996) einen Namen gemacht hat. Das Taschenbuch »Die Aunjetitzer Kultur in Österreich« ist Dr. Elisabeth Ruttkay (1926–2009) und Dr. Johannes-Wolfgang Neugebauer (1949–2002) gewidmet, die den Autor mit Rat und Tat bei seinen Werken über die Steinzeit und Bronzezeit unterstützt haben. Es enthält Lebensbilder der wissenschaftlichen Graphikerin Friederike Hilscher-Ehlert aus Königswinter.

KAREL BUCHTELA,
geboren am 6. März 1864 in Nový Pavlov,
gestorben am 19. März 1946 in Prag.
Er war Finanzoberrat
und hatte von 1924 bis 1938
das Amt des Direktors
des Staatlichen Archäologischen Instituts
in Prag inne. Bei seinen Forschungen
arbeitete Buchtela mit
dem tschechoslowakischen Archäologen
Lubor Niederle aus Prag zusammen.
Buchtela und Niederle haben 1910
im Handbuch der Tschechischen Archäologie
den Begriff Aunjetitzer Kultur
verwendet und populär gemacht.

LUBOR NIEDERLE,
geboren am 20. September 1865 in Klatovy,
gestorben am 14. Juni 1944 in Prag.
Er habilitierte sich 1891
und war 1898 bis 1929
Professor der vorgeschichtlichen Archäologie
und Ethnologie an der Universität in Prag.
Später wurde er Rektor
der Universität Prag
sowie Begründer und erster Direktor
des Archäologischen Instituts in Prag.
Niederle verwendete 1910
zusammen mit Karel Buchtela
im Handbuch der Tschechischen Archäologie
den Begriff Aunjetitzer Kultur.

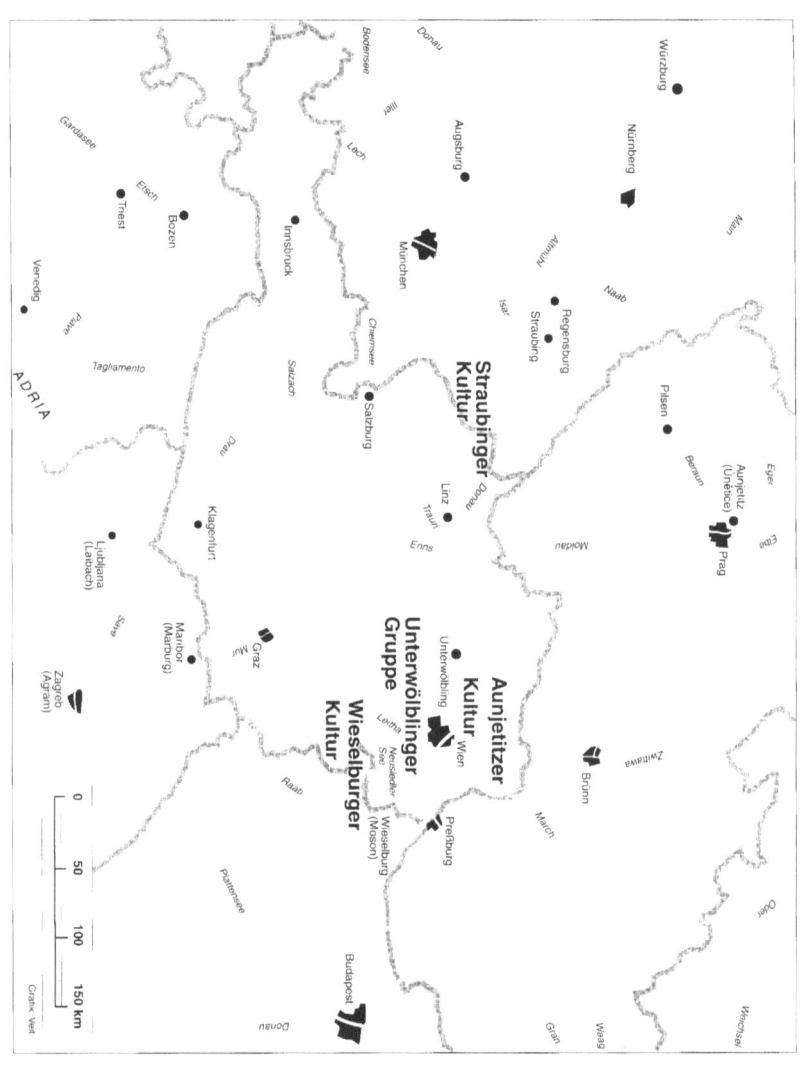

*Verbreitung der Kulturen und Gruppen während der älteren
Frühbronzezeit (etwa 2300 bis 1800 v. Chr.) in Österreich*

14

Menschenopfer im Megaron

Die Aunjetitzer Kultur

Im Weinviertel und am Ostrand des Waldviertels im nördlichen Niederösterreich hinterließ zwischen etwa 2300/2200 bis 1800 v. Chr. die nach einem tschechischen Fundort benannte Aunjetitzer Kultur ihre Spuren. Dass sie nur auf das nördliche Niederösterreich beschränkt war, hatte der Wiener Prähistoriker Oswald Menghin (1888–1973) bereits 1915 erkannt. Die niederösterreichischen und die mährischen Funde bilden eine gemeinsame Gruppe.

Die Anfänge der Aunjetitzer Besiedlung in Niederösterreich liegen noch im Dunkel. In Mähren kennt man eine so genannte Proaunjetitz-Stufe, die sich kontinuierlich aus der einheimischen Glockenbecher-Kultur (etwa 2500 bis 2200 v. Chr.) entwickelt hat. In der österreichischen Fachliteratur ist – im Gegensatz zu Deutschland – häufig von der Aunjetitz-Kultur die Rede. Die niederösterreichischen Aunjetitzer erreichten teilweise bereits eine beachtliche Körperhöhe. So war ein min-destens 19-jähriger Mann aus Stillfried/Auhagen 1,74 Meter groß, während es eine Frau aus Zwingendorf auf 1,73 Meter brachte. In Würnitz hatten die Männer eine Körperhöhe zwischen 1,63 und 1,73 Metern und in Zwingendorf zwischen 1,65 und 1,70 Metern.

An den Gebissen der in Schleinbach bestatteten Menschen sind mehrfach Zahnstellungs- und Bissanomalien, Karies, Zahnstein und starke Abnutzung der Kauflächen bereits bei Jugendlichen zu erkennen. Ein Mann aus Stillfried/Auhagen hatte schon alle Backenzähne der linken Unterkieferhälfte verloren.

Am Skelett einer Frau aus Schleinbach sind Spuren einer Krankheit am Schädelknochen diagnostiziert worden. Außerdem litt sie in den Bereichen der Gelenke der Oberschenkelknochen und Schienbeine unter Knorpelschädigungen und einem degenerativen Prozess. Bei einem Mann aus Schleinbach war am linken Ellbogen eine Entzündung feststellbar, bei einer Frau ein quer verlaufender, verheilter Bruch im Bereich des dritten Sakralwirbels.

Der bereits erwähnte 1,74 Meter große Mann aus Stillfried/Auhagen litt am rechten Oberschenkel unter einer Knochenmarksentzündung (Osteomylitis). Die hierdurch entstandene Eiteransammlung verursachte in der Kniekehle des rechten Beines eine Geschwulst, die seine Bewegungsfähigkeit einschränkte und ihn beim Gehen schmerzte. Dieser leidgeprüfte Mann hatte zudem eine schüsselförmige Knochennarbe am Schädel, die durch einen Hauttumor oder eine symbolische Schädeloperation (Trepanation) entstanden sein könnte. Solche Trepanationen sind aus Mokrin und Tape in Ungarn bekannt.

Auf der linken Schädelhälfte eines in Unterhautzenthal bestatteten, etwa 45 Jahre alten Mannes wurde von der Wiener Anthropologin Maria Teschler-Nicola eine Fraktur erkannt, die vom Schlag mit einem stumpfen Gegenstand herrührt. Diese Verletzung ist zwar wieder verheilt, könnte aber Lähmungserscheinungen oder epileptische Anfälle zur Folge gehabt haben.

In Röschitz, Roggendorf (Kirchenbergheide) und Stillfried/Auhagen wurden Skelettreste von Menschen gefunden, an denen zu Lebzeiten eine Schädeloperation (Trepanation) vorgenommen worden war. Von den zwei Schädeln mit Trepanationsöffnungen verschiedener Größe aus Röschitz ist heute nur noch einer auffindbar. Er stammt von einer 31- bis 40-jährigen Frau mit einer verheilten Schabtrepanation im Bereich des linken Scheitelbeinhöckers. Bei dem Fund in Stillfried handelt es sich um eine verheilte symbolische Trepanation am hinteren rechten Scheitelbein eines 19- bis 22-jährigen Mannes.

Zur Kleidung gehörten mitunter kupferne Gürtelbleche, wie sie in Niederrußbach und Schrick gefunden wurden. Der fragmentarisch erhaltene Fund aus Niederrußbach ist 15 Zentimeter lang, 11,4 Zentimeter breit und außen verziert. Das Gürtelblech von Schrick wurde aus einer Armmanschette vom Typ Borotice herausgeschnitten. Die Aunjetitzer in Niederösterreich wohnten in weit verstreuten einzelnen Gehöften, aber auch in aus mehreren Hütten bestehenden Siedlungen. Ihre Dörfer lagen im Flachland oder auf markanten Erhebungen, und manche von ihnen waren mit Gräben und Palisaden befestigt. Die Ringwallanlagen beziehungsweise »Bronzezeitburgen« der Aunjetitzer Kultur hatten einen oder zwei Gräben.

Die in den 1930-er und 1940-er Jahren untersuchten Siedlungen von Roggendorf und Großmugl wurden von

17

Zeichnung auf Seite 19:

*Die Rekonstruktion der Siedlung Großmugl
bei Stockerau in Niederösterreich
mit so genannten »Wohngrubenhäusern«,
wie sie sich 1941 der Wiener Prähistoriker
Eduard Beninger (1897–1963) vorstellte,
gilt heute als überholt.*

19

den damaligen Ausgräbern teilweise zu phantasievoll gedeutet. So glaubte die Paläontologin Angela Stifft-Gottlieb (1881–1941) aus Eggenburg, auf der Flur Schmidafeld in Roggendorf[1] meistens fünfeckige, in den Lößboden eingetiefte Grundrisse von Wohnstellen erkannt zu haben. Vermeintliche Rampen im Löss fasste sie als Bänke oder Sitze auf. Außerdem stieß sie auf Feuergruben und ein Pfostenloch in der Mitte einer Grube.

Zu ähnlichen Erkenntnissen kam Angela Stifft-Gottlieb auf der Flur Oberfeld in Roggendorf[2]. Hier meinte sie, rechteckige Wohngruben mit Vorplatz und Eintrittsrampe sowie eine Ofenanlage mit Rauchabzug entdeckt zu haben. In Wirklichkeit handelte es sich nicht um Wohngruben, sondern um Lehmentnahme-, Vorrats- beziehungsweise Abfallgruben.

Auch der Wiener Prähistoriker Eduard Beninger (1897–1963) irrte sich, als er 1941 die von ihm erforschte Siedlung in Großmugl bei Stockerau[3] beschrieb. Zu diesem Dorf gehörten nach seiner Auffassung 13 Siedlungsanlagen, nämlich rechteckige Hütten mit Wänden aus Flechtwerk, Satteldach und Speicher. Die dortigen Gruben betrachtete er als unterirdische Wohnanlagen. Heute weiß man, dass es ehemalige kellerartige Vorratsgruben für Getreide waren.

Die Lage der Kellergruben in Schleinbach[4] lieferte Hinweise über die Verteilung der Hütten beziehungsweise Häuser in den Siedlungen. Dort waren die Kellergruben in Abständen von etwa zehn bis 15 Metern angelegt worden. Dabei ließen sich weder Reihen noch eine andere systematische Anordnung erkennen. An die Wohnbauten grenzten möglicherweise häufig überdachte Werkstätten und vielleicht auch Ställe.

Bei Ausgrabungen in Fels am Wagram[5] und in Friebritz[6] kam jeweils der Grundriss eines Vorhallenhauses (auch Megaron genannt) zum Vorschein. Diese Gebäude dienten – nach den Bestattungen in ihnen zu schließen – kultischen Zwecken. Untersuchungen auf dem Haslerberg bei Eichenbrunn[7] förderten Hinterlassenschaften einer unbefestigten Höhensiedlung zutage. Befestigte Höhensiedlungen erstreckten sich – nach Erkenntnissen des Wiener Prähistorikers Gerhard Trnka – auf dem Hausberg bei Oberschoderlee[8], auf einem Höhenrücken bei Kollnbrunn[9], auf zwei Plateaus bei Stillfried[10] und auf dem Michelsberg bei Stockerau[11]. Sie konnten anhand von Keramikresten oder Bronzeobjekten der Aunjetitzer Kultur zugeordnet werden.

Die befestigten Höhensiedlungen wurden an gefährdeten Stellen durch Gräben und Palisaden vor Feinden geschützt. Zum Aufschütten der mächtigen Wälle verwendete man das aus den Gräben gehobene Erdreich. Die Gräben hatten schräge Wände und waren im Querschnitt trapezförmig.

Im Fall der kreisförmigen Befestigung auf dem Hausberg bei Oberschoderlee weiß man nicht, ob diese nur aus einem oder aus zwei Gräben bestand, weil der größte Teil der Bergkuppe wegen Aufforstungen nicht zugänglich ist. Der auf dem Luftbild gut erkennbare »äußere« Graben hat einen Durchmesser von 112

Metern und ist acht Meter breit. Der vermeintliche »Innengraben« erreicht höchstens 58 Meter Durchmesser und vier Meter Breite.

Die befestigte Höhensiedlung bei Kollnbrunn wies einen Durchmesser von maximal 120 Metern auf. Sie wurde von zwei Gräben umgeben, die jeweils die Form eines zu zwei Dritteln erhaltenen Kreises besaßen. Vielleicht handelte es sich – wie in Sumice (Südmähren) – um eine zweifache Kreisgrabenanlage. Die beiden etwa 14 Meter voneinander entfernten Gräben bei Kollnbrunn waren ursprünglich wohl fünf bis sechs Meter breit sowie drei bis vier Meter tief.

Eine der beiden Befestigungen bei Stillfried befand sich südlich des Ortes am rechten Ufer der March. Sie lag einst auf einer Lößterrasse, die an drei Seiten durch steil abfallende Flanken auf natürliche Weise geschützt war. Die Anlage wurde an der vierten Seite durch einen fünf Meter breiten und zwei Meter tiefen Graben gesichert. Inzwischen ist die Terrasse durch eine Ziegelei zerstört worden, die dort Löß abgebaut hat. Dieser Fundort heißt Stillfried-Ziegelei.

Die andere Befestigung vom Fundort Stillfried-Auhagen lag auf einem Hang über dem rechten Marchufer. Deren Erbauer hatten auf der flachen Südseite des Hanges einen 200 Meter langen, sechs Meter breiten und bis zu 2,20 Meter tiefen Graben ausgehoben.

Auf dem Michelsberg bei Stockerau sicherte ein zweifaches Graben- und Wallsystem die auf dem ovalen 100 Meter langen und 80 Meter breiten Gipfelplateau errichtete Siedlung. Die zwei Gräben sind im Abstand von etwa vier Metern errichtet worden.

Funde in Gaindorf belegen den Anbau der Getreidearten Einkorn *(Triticon monococcum)* und Emmer *(Triticum dicoccon)* sowie in Pulkau die Kultivierung von Einkorn, Emmer und Weizen. Das Getreide wurde mit Sicheln geschnitten, in deren Holzgriff scharfkantige Klingen aus Feuerstein eingelassen waren. In Wilhelmsdorf sind 15 Schneideneinsätze von zwei oder mehr Sicheln geborgen worden. Sie weisen auf den Längsseiten deutliche Gebrauchsspuren auf.

Knochen vom Rind, Schwein, der Ziege, vom Hund und Pferd auf der Flur Todtenweg in Großmugl veranschaulichen, welche Haustiere gehalten wurden. Die Skelettreste des Hundes von Großmugl stammen von einem etwa zwölf Wochen alten Tier mit einer Rückenhöhe von etwa 30 Zentimetern. Unter den Knochen von mehreren Hunden aus Jetzelsdorf bei Haugsdorf befanden sich die eines zwei bis drei Monate alten Welpen. Bei einem etwa zehn Jahre alten Hund aus Herrnbaumgarten waren die Zähne schon stark abgenutzt. In einem Grab von Schleinbach lagen Reste vom Rind und das Stirnzapfenstück einer Ziege. Kopf und Schultergürtel eines in einer Speichergrube von Unterhautzenthal bestatteten Mannes waren mit Knochen vom Rind und Pferd bedeckt.

Knochen vom Rothirsch *(Cervus elaphus)* und vom Reh *(Capreolus capreolus)* in Großmugl sowie steinerne Pfeilspitzen und Schalen von Flussmuscheln in Roggendorf (Flur Steinleithen) belegen gelegentliche Jagd und Sammeltätigkeit. Doch hauptsächlich ernährten sich die damaligen Bauern von den Erträgen des Ackerbaus und der Viehzucht.

Die Töpfer formten tönerne Henkeltassen, Näpfe, Schalen, Töpfe, Henkeltöpfe, Siebgefäße und Löffel. Die Keramik wurde meistens nicht verziert. Gefäße mit dünnen Wänden aus schokoladebraunem bis schwärzlichem Ton hat man hochglänzend poliert. In Henkeltassen wurden manchmal Verzierungen eingeritzt und mit weißer Masse gefüllt. Typische Ornamente sind kombinierte waagrechte und senkrechte Linienbänder sowie Zickzacklinien und Girlandenmuster mit Punktreihen.

In Peigarten im Pulkatal barg man ein 20,8 Zentimeter hohes Siebgefäß und eine acht Zentimeter hohe Siebschüssel mit einem Mündungsdurchmesser von 22 Zentimetern. Unter den Keramikfunden von Bernhardsthal befanden sich auch zwei Zapfenstiel-Löffel.

Bei der Herstellung von metallenen Werkzeugen, Waffen und Schmuckstücken setzte sich anstelle des Kupfers immer mehr die Bronze als neuer Werkstoff durch. Die gleichmäßige Form der Ringbarren aus Bronze deutet darauf hin, dass diese als erstes genormtes Zahlungsmittel in fast ganz Europa dienten. Der Bedarf an Bronzewaren wurde vermutlich durch wandernde Händler und Metallhandwerker gedeckt.

Neben Werkzeugen aus Metall gab es weiterhin zahlreiche Geräte aus Knochen und Stein. So fand man in Roggendorf (Flur Steinleithen) Knochenpfrieme und in Niederkreuzstätten, Oberschoderlee, Schleinbach und

Wilhelmsdorf sägeartige Feuersteinklingen. Von anderen Fundorten sind steinerne Unterlagsplatten und Reibsteine zum Mahlen von Getreidekörnern, Klingen für Flach-, Loch- und Walzenbeile bekannt.

Die Randleistenbeile mit metallener Klinge und Holzschaft eigneten sich als Waffen, aber auch als Werkzeuge zur Holzbearbeitung. Ein vollständig erhaltenes und ein zerbrochenes Randleistenbeil wurden in einem Depot von Schrick entdeckt.

Als weitere Waffen dienten meisterhaft zurechtgeschlagene Feuersteindolche sowie Kupfer- und Bronzedolche. Ein Feuersteindolch nordischer Herkunft mit einer erhaltenen Grifflänge von 7,3 Zentimetern in Stillfried-Auhagen zeugt von weitreichenden Tauschgeschäften.

Bronzedolche lagen in Gräbern von Roggendorf-Steinleithen. In Pranhartsberg und Feuersbrunn hat man bronzene Stabdolche entdeckt, die als Statussymbol oder Zeremonialgerät gelten.

Neben Anhängern aus Muschelschalen trugen die niederösterreichischen Aunjetitzer auch kupferne und bronzene Nadeln, Drahtschmuck, Ösenhalsringe, Armspiralen, Blechmanschetten und Zierscheiben. Die metallenen Schmuckstücke waren häufig gegossen statt geschmiedet und überwiegend mit eingepunzten Linien verziert.

Anhänger aus Muschelschalen wurden in Roggendorf-Steinleithen und in der Ziegelei von Stillfried zutage befördert. In Stillfried hat man aus einem Grab eine am Wirbel künstlich durchbohrte Muschel und zwei

Noppenringe geborgen. In Roggendorf kam in zwei Gräbern je eine Muschelschale zum Vorschein.

Unter den zum Zusammenhalten von Kleidungsstücken oder als Zierde verwendeten Nadeln gab es verschiedene Varianten wie Rollenkopf-, Scheibenkopf- und Hülsenkopfnadeln. So kennt man aus Niederrußbach eine Nadel mit breitem Schleifenkopf und von anderen Fundorten böhmische Ösennadeln. Letztere deuten auf Kontakte mit böhmischen Aunjetitzern hin.

Die metallenen Ösenhalsringe erfreuten sich damals offenbar großer Beliebtheit. Allein einer von zwei Depotfunden auf dem Königsberg bei Roggendorf[12] umfasste insgesamt 37 größtenteils noch nicht fertige Barrenringe dieser Form. Die Barrenringe waren zwischen zwei Felsblöcken versteckt. Dabei handelt es sich vermutlich um das Lager eines Händlers. Das andere Bronzedepot ist verschollen.

Ein weiteres begehrtes Schmuckstück waren die kupfernen Blechmanschetten vom Typ Borotice, die nach ähnlichen Funden aus einem Gräberfeld der Aunjetitzer Kultur in Mähren benannt sind. Diese Armstulpen dürften wegen der kantigen Ränder der Durchbohrungen auf einer Unterlage aus Leder oder Stoff getragen worden sein. In Mähren wurden an 18 Fundorten und in Niederösterreich an sieben Orten solche Blechmanschetten geborgen. Ihre reiche Verzierung war mit einem Meißel eingepunzt worden.

Blechmanschetten vom Typ Borotice kennt man von den niederösterreichischen Fundorten Bullendorf

(2 Exemplare), Neudorf bei Staatz (4), Patzmannsdorf (2), Pfaffstätten (3), Schrick (2), Wartberg bei Putzing und Niederrußbach (2). Mit Ausnahme des Grabfundes bei Niederrußbach stammen alle anderen Blechmanschetten aus Depots.

In dem Grab bei Niederrußbach war eine jugendliche Person mit reichen Metallbeigaben bestattet. Sie trug eine Nadel mit breitem Schleifenkopf, zwei Blechmanschetten vom Typ Borotice, zahlreiche Schleifen- und Spiralringe, Spiralröllchen und als Gürtelbesatz gedeutete Blechfragmente.

Zum 1,5 Kilogramm schweren Depot von Schrick[13] gehören neben dem bereits erwähnten Randleistenbeil und dem Bruchstück eines weiteren ein Gürtelblech, ein Spiralarmring, zwei ineinandergehängte große Noppenringe und drei Ringbarren (Ösenhalsreifen). Der Fund war beim Pflügen ans Tageslicht gekommen.

Ein seltenes Objekt aus einem der Gräberfelder von Roggendorf verrät, dass die Aunjetitzer kleine tönerne Handtrommeln besaßen. Sie waren einst mit einer Tierhaut bespannt und wurden wohl mit bloßer Hand bei Totenfeiern oder anderen Zeremonien geschlagen. Ähnliche Tontrommeln gab es bereits in der Jungsteinzeit um 5000 v. Chr. in Niederösterreich.

Die niederösterreichischen Aunjetitzer bestatteten ihre Toten in Flachgräbern. Sie betteten sie meistens auf die rechte Körperseite und zogen die Beine zum Körper hin an. Der Kopf der Leiche lag generell im Süden. Recht häufig hat man mehrere Verstorbene in einem Grab beerdigt. Eine lockere Steinsetzung war in

Steinkistengrab von Gobelsburg in Niederösterreich
mit der Ausgräberin Gertrude Sperker,
der damaligen Leiterin des Langenloiser Heimatmuseums.
Länge des Steinkistengrabes 70 Zentimeter,
Breite 55 Zentimeter, Höhe 40 Zentimeter

Roggendorf-Steinleithen erkennbar, eine aus schräg gesetzten Steinen gebildete dachförmige Grabkammer in Roggendorf-Kirchenbergheide und Zellerndorf.

Bei Gobelsburg[14] kam ein 70 Zentimeter langes, 55 Zentimeter breites und 40 Zentimeter hohes, seltenes Steinkistengrab zum Vorschein, das der nieder-österreichische Heimatforscher Hermann Maurer der Aunjetitzer Kultur zuordnet. Das Grab bestand aus vier senkrechten, rechteckig angeordneten Steinplatten, die durch zwei oder drei weitere Steinplatten abgedeckt waren. In etwa anderthalb Metern Tiefe befand sich eine zerbrochene Tonschüssel vom Typ Unterwölbling, und knapp darunter lagen Skeletteile eines erwachsenen Menschen. Steinkistengräber der Aunjetitzer Kultur kennt man im benachbarten Mähren und in Mittel-deutschland.

Als Beigaben für die Aunjetitzer Bestattungen dienten Tongefäße und Schmuckstücke. Der Metallschmuck wurde manchmal von Grabräubern entwendet.

Auf die größten Gräberfelder der Aunjetitzer Kultur stieß man in Bernhardsthal[15], Schleinbach[16], Unter-hautzenthal[17] und Roggendorf (Flur Steinleithen[18]). Kleinere Friedhöfe wurden in Roggendorf (Kirchen-bergheide[19]), Zwingendorf[20], Würnitz[21], Eggenburg[22] und Langenlois[23] aufgespürt.

Das Gräberfeld von Bernhardsthal (Flur Unfrieden) ist in einer Kiesgrube entdeckt worden. Nach den dort geborgenen Funden zu schließen, dürfte es sich wohl um etwa 80 Gräber gehandelt haben. Die Beigaben darin wurden von zwei Heimatforschern sichergestellt und sind heute im Heimatmuseum Bernhardsthal zu sehen. Plünderer, die es auf die wertvollen Metallbeigaben abgesehen hatten, haben in der Frühbronzezeit einen Teil der Gräber durchwühlt. Grabraub ist auch in Roggendorf-Steinleithen und in Feuersbrunn nachgewiesen. Nur halb so groß wie der Friedhof von Bernhardsthal war das Gräberfeld von Schleinbach auf dem Gelände des Hauserschen Ziegelwerks. Bei den dortigen Ausgrabungen stieß man auf insgesamt 40 Gräber. Ungewöhnlich darunter ist die Mehrfachbestattung eines mindestens 35j-ährigen Mannes und dreier Kinder. Man hatte ihnen Tongefäße, die einst wohl Speisen und Getränke enthielten, sowie bronzene Schmuckstücke mit ins Grab gelegt.

Mehr als 40 Gräber umfasste der Friedhof von Unterhautzenthal, den man bei der Erforschung einer Siedlung freilegte. In drei von diesen Gräbern wurden Holzsärge und in einem Grab ein Baumsarg nach-gewiesen. Manche der Grabschächte reichten bis zu 2,50 Meter tief in den Erdboden. Aus der Siedlung von Unterhautzenthal kennt man auch drei Bestattungen in Speichergruben.

In Roggendorf wurden zwei Gräberfelder der Aunjetitzer Kultur gefunden. Davon ist jenes auf der Flur Steinleithen mit insgesamt 37 Gräbern das umfangreichste. Das zweite und kleinere Gräberfeld von Roggendorf wurde beim Anlegen eines Kartoffelackers auf der Kirchenbergheide aufgedeckt. Bei anschließenden Ausgrabungen durch das Krahuletz-Museum, Eggenburg, hat man elf Gräber festgestellt.

Durch Zufall kam auch das Gräberfeld von Zwingendorf (Flur Vierhappen) zum Vorschein. Als von einer kaum sichtbaren Geländeerhebung Erdreich abgebaggert wurde, stieß man auf Skelettreste und Bronzegegenstände. Ein Grabungsteam des Instituts für Ur- und Frühgeschichte der Universität Wien barg innerhalb von zwei Tagen neun Gräber mit insgesamt 16 Beisetzungen. Mehrfachbestattungen waren also dort nicht unbekannt.

Friedhöfe mit weniger als zehn Bestattungen kennt man von Würnitz (neun), Spitz-Singerriedl (acht), Eggenburg (fünf) und Langenlois (vier). In Würnitz wies man sechs Einzelbestattungen (zwei Erwachsene, vier Kinder), eine Doppelbestattung (zwei Erwachsene) und das Grab eines Erwachsenen nach, in dem ein Kinderschädel lag. Außer sorgfältigen Bestattungen in eigens ausgehobenen Gräbern gab es zuweilen weniger piettätvolle Beerdigungen in Abfall- beziehungsweise Siedlungsgruben. Dies veranschaulichen entsprechende Funde aus Bernhardsthal, Fels am Wagram, Gaindorf, Großweikersdorf, Hollabrunn, Peigarten, Stillfried-Auhagen (acht Fälle), Stillfried-Ziegelwerk, Unterhautzenthal und Waidendorf. Der Wiener Prähistoriker Ernst Lauermann vermutet, Bestattungen in Abfall- oder Siedlungsgruben seien erfolgt, wenn nicht genügend Verwandte vorhanden waren, die sich eine eventuell aufwendige Bestattung leisten konnten.

In Einzel- oder Mehrfachgräbern dagegen wurden die Beisetzungen manchmal äußerst liebevoll vorgenommen. So lagen ein Mann und eine Frau in

Schleinbach mit eng aneinandergepressten Oberkörpern und Beinen im Grab. Sicherlich sind sie zur Zeit der Beisetzung verschnürt gewesen. Auch zwei Kinder im Alter von sechs und zweieinhalb Jahren in Unterhautzenthal hatte man nahe beieinander zur letzten Ruhe gebettet. Sie hielten sich an Armen und Schultern fest. Doppel- und Mehrfachbestattungen waren auf Friedhöfen der Aunjetitzer Kultur nicht selten. Doppelbestattungen wurden in Gaindorf, Gaubitsch, Hollabrunn, Roggendorf-Steinleithen, Roggendorf-Raffelsfeld, Schleinbach, Stillfried, Unterhautzenthal und Würnitz entdeckt. Dreifache Bestattungen kennt man aus Fels am Wagram, Großweikersdorf, Jetzelsdorf und Roggendorf-Steinleithen (zwei Fälle), eine vierfache aus Schleinbach und eine fünffache aus Zellerndorf.

Auf einem Hang nördlich von Herzogbirbaum[24] ist möglicherweise ein monumentales Grab für eine bedeutende Persönlichkeit errichtet worden. Von der riesigen Anlage blieb ein kreisförmiger Graben mit einem Durchmesser von 45 bis 50 Metern und einer Breite von etwa zwei Metern erhalten. Wegen der starken Bodenabtragung von schätzungsweise zwei Metern sind keine Hügelaufschüttungen mehr feststellbar.

Während magnetischer Erkundungen wurde im Zentrum der Kreisgrabenanlage eine Grube geortet, bei der es sich um ein Grab handeln könnte. Außerdem hat man im Umfeld des Grabens zahlreiche bis zu zwei Meter lange Gruben ermittelt, die sich möglicherweise ebenfalls als Gräber herausstellen könnten. Eine Unterbrechung des Grabens im Osten markiert den ehemaligen Zugang. Bei einer Versuchsgrabung wurde im Bereich des Grabens die Bestattung eines erwachsenen Mannes entdeckt. Sechs Pfostengruben stammen von einem ehemaligen Totenhaus, das eine Rolle im Grabkult spielte.

Als Proviantbehälter für das Jenseits gab man den Verstorbenen meistens ein bis drei Tongefäße mit. Hierbei fiel die Wahl auf Tassen, Henkeltöpfe und Schüsseln, die einst wohl mit Speise und Trank gefüllt waren. Diese Tongefäße wurden bei den Beinen oder in der Kopfgegend des Toten abgestellt. Die metallenen Schmuckstücke – wie Nadeln, Bronzeperlen, Spiralröllchen, Schleifenringe und Armspiralen – befanden sich beim Körper.

Zur Religion der Aunjetitzer Leute gehörten neben dem Glauben an das Weiterleben nach dem Tod offenbar auch Menschenopfer. Hinweise hierfür lieferten Funde aus Schleinbach, Fels am Wagram und Friebritz. In Schleinbach[25] deutet die seltsame Mehrfachbestattung eines mindestens 35 Jahre alten Mannes und dreier Kinder im Alter von schätzungsweise vier, zehn und zwölf Jahren auf Menschenopfer hin. Es dürfte unwahrscheinlich sein, dass all diese Kinder gleichzeitig mit dem Mann eines natürlichen Todes gestorben sind. Der Mann lag auf dem Rücken, seine Beine waren gespreizt und seine Arme mit nach oben gerichteten Handflächen in anbetender Haltung erhoben. Vielleicht hatten die Kinder einer bedeutenden Persönlichkeit – etwa einem Häuptling oder Priester – als Totenopfer ins Grab folgen müssen.

Zeichnung auf Seite 35:

In Mitteldeutschland und in Polen
gab es in der Spätstufe der Aunjetitzer Kultur
so genannte »Fürstengräber«.
Ein solches »Fürstengrab« kennt man
aus dem Ortsteil Leubingen von Sömmerda (Kreis Sömmerda)
in Thüringen.
Dabei handelt es sich um die Bestattung eines älteren Mannes
und – quer über ihm liegend – eines Kindes.
Die Toten ruhen unter einer Totenhütte,
die von einem riesigen Grabhügel bedeckt ist.
Zeichnung von Friederike Hilscher-Ehlert, Königswinter,
für das Buch »Deutschland in der Bronzezeit« (1996)
von Ernst Probst

35

Bei den mutmaßlichen Menschenopfern von Fels am Wagram und Friebritz handelt es sich um außergewöhnliche Bestattungen innerhalb eines Vorhallenhauses (Megaron). In Fels am Wagram (Flur Kogel) lagen ein Erwachsener und ein Kind mit eingeschlagenen Schädeln in der Mitte des Gebäudes unter dem Fußboden. In Friebritz ruhte bäuchlings ein Mädchen in einer Grube.

Nach Ansicht von Prähistorikern sind diese Menschen gewaltsam getötet worden. Ihre Sonderbestattungen in den Vorhallenhäusern hatten eher eine kultische Funktion als die einer regulären Beerdigung. Die Vorhallenhäuser können möglicherweise Versammlungsorte oder Tempel gewesen sein.

Anmerkungen

1] Die Siedlung auf der Flur Schmidafeld in Roggendorf wurde von 1931 bis 1936 ausgegraben.

2] Die Siedlung auf der Flur Oberfeld in Roggendorf wurde 1931 und 1932 freigelegt.

3] Die ersten Siedlungsreste in Großmugl bei Stockerau wurden 1937 von dem Wirtschaftsbesitzer Leopold Binder aus Großmugl sowie von dem Malermeister und Heimatforscher Oskar Wildschek (1888–1955) aus Stockerau entdeckt. Ende Mai 1938 grub der Wiener Prähistoriker Eduard Beninger (1897–1963) mit Unterstützung Oskar Wildscheks, des Arbeiters Josef Chmela (1907–1960), des Studienassessors Heinrich Pavlica (1911–1982) und des Studenten Karl Prodinger (1913–1990), der Zeichnungen anfertigte, in Großmugl. Beninger war seit dem 17. März 1938 Leiter der Prähistorischen Abteilung des Naturhistorischen Museums, Wien. Im August 1938 erfolgte eine erneute Grabung von Beninger, dem diesmal der Diplomingenieur und Geologe Hans Freising (1905-1977) aus Brno-Czernowitz und der Hochschüler Erwin Rotter (1915–1944) aus Wien halfen. Freising arbeitete von 1934 bis zum November 1938 an der Lehrkanzel für Geologie und Mineralogie der Deutschen Technischen Hochschule in Brno und danach bis zum 10. Juni 1940 am Landesmuseum Troppau. Rotter verfasste die Dissertation »Die vorgeschichtlichen Bodenfunde im Ger.-Bez. Stockerau«, die 1940 erschien.

4] Die ersten Funde in Schleinbach kamen 1911 zum Vorschein. Zwischen 1916 und 1939 nahm der Wiener Lehrer und Heimatforscher Karl Kriegler (1891–1963) Ausgrabungen vor, bei denen Siedlungsreste und Gräber gefunden wurden.

5] Das Vorhallenhaus in Fels am Wagram wurde 1969 vom Bundesdenkmalamt Wien unter Leitung des Prähistorikers Horst Adler ausgegraben.

6] Das Vorhallenhaus in Friebritz wurde 1985 entdeckt und vom Bundesdenkmalamt Wien unter Leitung des Prähistorikers Johannes-Wolfgang Neugebauer ausgegraben.

7] Auf dem Haslerberg bei Eichenbrunn haben 1888 der Prähistoriker Moritz Hoernes (1852–1917) aus Wien und der Historienmaler Ignaz Spöttl (1836–1892) aus Wien gegraben. 1903 nahm Hoernes eine weitere Ausgrabung vor. Hoernes arbeitete von 1885 bis 1907 an der Anthropologisch-ethnographischen Abteilung des Naturhistorischen Museums, Wien. Er begann 1892 seine Laufbahn als akademischer Lehrer und gründete 1913 die Wiener Prähistorische Gesellschaft.

8] Auf dem Hausberg bei Oberschoderlee wurden am 25. Oktober 1975 bronzezeitliche Objekte entdeckt.

9] Die befestigte Siedlung auf einem Höhenrücken bei Kollnbrunn wurde 1981 anhand von Luftbildern aufgespürt.

10] Die Befestigung auf dem Kirchberg von Stillfried wurde 1916 bei Ausgrabungen des Prähistorikers Oswald Menghin (1988–1973) aus Wien und des Kommerzialrats Richard Boehmker (1870–1954) aus

Wien entdeckt. Der aus Altona in Schleswig-Holstein stammende Boehmker war 1902 bis 1920 kaufmännischer Direktor der österreichischen Filiale der chemischen Fabrik Jul. Rüttgers in Angern, Niederösterreich. Von 1925 bis 1939 verwaltete er die Dachsteinhöhlen in Obertraun, Oberösterreich. Die Befestigung in der Ziegelei von Stillfried wurde 1939 durch die Prähistorikerin Herta Ladenbauer-Orel aus Wien, den Prähistoriker Hubert Tripp (1914–1945) aus Wien und den damals in Wien arbeitenden Prähistoriker Ernst Karl Wurth (1912–1940) ausgegraben. Wurth war Mittelschullehrer, bevor er 1939 wissenschaftlicher Assistent am Institut für Denkmalpflege in Wien wurde. 11] Die befestigte Höhensiedlung auf dem Michelsberg bei Stockerau wurde 1981/82 durch das Niederösterreichische Landesmuseum ausgegraben.

12] Auf dem Königsberg bei Roggendorf wurden vor 1925 »reiche Bronzefunde« geborgen, bei denen es sich um um mehrere Einzelfunde oder ein Depot handeln könnte. Diese Funde sind verschollen. 1935 hat der Landwirt Josef Reiß (1904–1979) aus Roggendorf auf dem Königsberg zwischen zwei Felsblöcken ein Depot mit 37 Barrenringen gefunden. Dieses Depot wird im Höbarth-Museum, Horn, aufbewahrt. 1938 kam auf dem Königsberg ein aus zwei Barrenringen und zwei Spiralen bestehendes Depot zum Vorschein, das sich in der Obhut des Krahuletz-Museums, Eggenburg, befindet.

13] Das Depot von Schrick wurde Ende Juli 1977 von dem Landwirt Gottfried Höfling aus Ebendorf entdeckt. Er hatte auf seinem Feld mehrere Bronzegegenstände ausgeackert.

14] Im Mai 1976 stieß der Landwirt Karl Haimerl aus Gobelsburg südlich des Ortes in der Flur Kirchgraben beim Tiefrigolen für einen neuen Weingarten auf eine Steinpackung. Bei der Fundbergung unter Leitung der Museumsdirektorin Gertrude Sperker aus Langenlois kam ein Steinkistengrab zum Vorschein.

15] Die ersten Funde aus dem Gräberfeld von Bernhardsthal (Flur Unfrieden) wurden nach dem Zweiten Weltkrieg – vor allem 1951/52 – durch den Kaufmann Otto Berger aus Bernhardsthal und den jetzigen ÖBB-Adjunkten Leopold Tihelka freigelegt. Otto Berger gründete 1970 das Heimatmuseum in Bernhardsthal, das 1977 eröffnet wurde. Im Juni 1970 legte der Prähistoriker Johannes-Wolfgang Neugebauer im Auftrag des Bundesdenkmalamtes Wien ein Inventar der Funde an. Dabei und bei einer 1971 durchgeführten Ausstellung wurde Neugebauer auf die Beigaben eines frühbronzezeitlichen Gräberfeldes aufmerksam.

16] Das Gräberfeld von Schleinbach bei Ulrichskirchen wurde 1916 entdeckt und von da ab von dem Lehrer und Heimatforscher Karl Kriegler (s. Anm. 4) er forscht. Im Juni 1931 fand Kriegler dort eine Mehrfachbestattung von vier Menschen, die heute im Museum für Urgeschichte des Landes Niederösterreich, Asparn an der Zaya, zu sehen ist.

17] Bei der Untersuchung einer Siedlung in Unterhautzenthal durch den Prähistoriker Ernst Lauermann aus Asparn an der Zaya wurden 1989 acht Bestattungen (davon drei in Speichergruben) entdeckt. 1991 fand er 17 Gräber mit insgesamt 20 Bestattungen und weitere 23 Gräber.

18] Das Gräberfeld in Roggendorf (Flur Steinleiten) wurde am 23. April 1931 auf einem Acker des Bürgermeisters Ludwig Herzig (1870–1953) entdeckt, als dort sieben Skelette zum Vorschein kamen. Auf demselben Acker fanden die beiden Wirtschaftsbesitzer Josef Reiß (1904–1979) und Josef Manhart (1904–1979) weitere 16 Gräber. Im Herbst 1939 hat man bei Grabungen 14 Gräber geborgen. Die Grabungen von 1931, 1937 und 1939 wurden von der Geologin Angela Stifft-Gottlieb (1881–1941) aus Eggenburg vorgenommen.

19] 1941 wurde die Heide auf dem Kirchenberg hinter dem Pfarrhof in Roggendorf an den Maurer Karl Hammerschmied (1874–1957) verpachtet, der dort einen Kartoffelacker anlegen wollte. Beim Umgraben des Grasbodens stieß er auf Knochenreste. Als das Krahuletz-Museum, Eggenburg, davon erfuhr, ließ es im April 1941 eine Grabung durchführen.

20] In Zwingendorf wurde im September 1977 auf der Flur Vierhappen Erdmaterial von einer kaum bemerkbaren Geländeerhebung abgetragen, wobei menschliche Knochen und Bronzegegenstände zum Vorschein kamen. Als diese Funde bekannt wurden, barg das Grabungsteam des Instituts für Ur- und Frühgeschichte der Universität Wien innerhalb von zwei Tagen neun Gräber.

21] In Würnitz (Flur Große Schafflerbreite) hat vom 13. September bis 14. Oktober 1931 der Wiener Lehrer und Heimatforscher Karl Kriegler (s. Anm. 4) eine Ausgrabung vorgenommen.

22] In Eggenburg (Flur Auf der Heide, Gerstfeld) wurden 1945 und 1947 von Herta Ladenbauer-Orel (s. Anm. 10) drei Grabhügel ausgegraben. 1949 legte Franz Schäffer (1900–1971), der Kustos des Krahuletz-Museums, Eggenburg, fünf Bestattungen frei.

23] Im August 1929 entdeckte der in Elslarn zur Sommerfrische weilende Wiener Dr. Rudolf Lang in der Wand eines Hohlweges bei Langenlois drei Bronzegegenstände, die er dem Naturhistorischen Museum, Wien, schenkte. Am 30. September 1929 grub der Wiener Prähistoriker Josef Bayer (1882–1931) in Langenlois.

24] Die Kreisgrabenanlage auf der Flur Paßbrunn von Herzogbirbaum wurde 1979 auf einem Luftbild entdeckt und 1986 durch zwei Suchschnitte erforscht.

25] s. Anm. 16

Literatur

AMSCHLER, J. Wolfgang: Der bronzezeitliche Hund von Groß-Mugl, Niederösterreich. Aus: Ur- und frühgeschichtliche Haustierfunde aus Österreich. Archaeologia Austriaca, Heft 3, S. 34–36, Wien 1949

BECKEL, Lothar / HARL, Ortolf: Archaeologie in Österreich. Flugbilder, Fundstätten, Wanderungen, Salzburg 1983

BENINGER, Eduard: Die frühbronzezeitliche Dorfanlage von Groß-Mugl (Niederdonau). Mitteilungen der Prähistorischen Kommission der Akademie der Wissenschaften, Band 3–4, S. 47–89, Wien 1941

BERG, Friedrich: Ein Kindergrab der Aunjetitz-Siedlung in Peigarten, G. B. Haugsdorf, Niederösterreich. Archaeologia Austriaca, Heft 65, S. 63–70, Wien 1981

GREFEN-PETERS, Silke: Die frühbronzezeitlichen Skelette aus Zwingendorf. Anthropologischer Bericht. Archaeologia Austriaca, Heft 66, S. 49–60, Wien 1982

HAHNEL, Bernhard: Skelettreste in der frühbronzezeitlichen Siedlung von Stillfried-Auhagen, NÖ. Fundberichte aus Österreich, Band 28, S. 23–41, Wien 1989

HAHNEL, Bernhard: Frühbronzezeitliche Bestattungen mit Trepanationen aus Röschitz, Poysdorf und Stillfried, NÖ. Fundberichte aus Österreich 1990, Band 29, S. 13–28, Wien 1991

HAMPL, Franz: Ein frühbronzezeitlicher Grabfund aus Niederrußbach, NÖ. Archaeologia Austriaca, Heft 19/20, S. 122–128, Wien 1956

HAUCK, Emil: Weitere Beiträge zur Ur- und Frühgeschichte des Haushundes in Niederösterreich. Archaeologia Austriaca, Heft 18, S. 31–60, Wien 1955

HAUCK, Emil: Weitere Funde von ur- und frühgeschichtlichen Haushunden aus Niederösterreich und Südmähren. Archaeologia Austriaca, Heft 33, S. 75–86, Wien 1963

LAUERMANN, Ernst: Sonderbestattungen der frühen Bronzezeit im Weinviertel Niederösterreichs. Prähistorische Zeitschrift, Band 67, S. 183–200, Berlin 1992

MAURER, Hermann: Nachweise prähistorischer Musikausübung im Waldviertel. Bilderbuch der Musik, S. 120–128, Horn 1992

MAURER, Hermann: Bronzezeitliche Grabfunde aus dem Gerichtsbezirk Langenlois. Das Waldviertel, 44. Jahrgang, Heft 2, S. 168–172, Horn 1995

MAYER, Eugen Friedrich: Die Äxte und Beile in Österreich. Prähistorische Bronzefunde IX, Band 9, Frankfurt/Main 1977

MELICHAR, Peter / NEUBAUER, Wolfgang: Magnetische Prospektion der Kreisgrabenanlage in Herzogbirbaum (Niederösterreich). Schriften des Vorarlberger Landesmuseums, Reihe A, Band 5, S. 77–79, Bregenz 1992

MITSCHA-MÄRHEIM, Herbert: Drei frühbronzezeitliche Depotfunde aus dem pol. Bez. Mistelbach

(N.-Ö.). Archaeologia Austriaca, Heft 7, S. 1–15, Wien 1950

MITSCHA-MÄRHEIM, Herbert / NISCHER-FALKENHOF, Ernst: Der Oberleiserberg. Ein Zentrum vor- und frühgeschichtlicher Besiedlung. Mitteilungen der Prähistorischen Kommission, II. Band, Nr. 5, S. 391–438, Wien 1929

NEUGEBAUER, Johannes-Wolfgang: Ein früh-bronzezeitlicher Depotfund von Schrick, Gem. Gawainstal, p. B. Mistelbach, NÖ. Fundberichte aus Österreich, Band 16, S. 183–197, Wien 1977

NEUGEBAUER, Johannes-Wolfgang: Das früh-bronzezeitliche Gräberfeld von Bernhardsthal, Flur Unfrieden, Niederösterreich. Fundberichte aus Österreich, Band 18, S. 155–184, Wien 1979

NEUGEBAUER, Johannes-Wolfgang: Mährisch-Niederösterreichische Gruppe der Aunjetitzkultur. Aus: Die Bronzezeit im Osten Österreichs. Forschungs-berichte zur Ur- und Frühgeschichte, Band 13, S. 22–23, St. Pölten/ Wien 1987

NEUGEBAUER, Johannes-Wolfgang: Drei frühbronzezeitliche Metalldepots der Aunjetitz-Kultur Niederösterreichs. Aus: SCHMID-SIKIMIC, Biljana / DELLA CASA, Philippe (Herausgeber): Trans Euro-pam, Beiträge zur Bronze- und Eisenzeit zwischen Atlantik und Altai, Festschrift für Margarita Primas, Antiquitas, Reihe 3, Band 34, S. 45–57, Bonn 1995

NEUNINGER, Heinz / PITTIONI, Richard: Früh-metallzeitlicher Kupferhandel im Voralpenland. Archaeologia Austriaca, Beiheft 6, Wien 1963

SCHEIBENREITER, Franz: Das Siedlungsgebiet der Aunjetitz-Kultur in Niederösterreich. Archaeologia Austriaca, Heft 19/20, S. 108–128, Wien 1956

SCHEIBENREITER, Franz: Das Aunjetitzer Gräberfeld Steinleithen in Roggendorf, Nieder-österreich. Archaeologia Austriaca, Heft 23, S. 51–86, Wien 1958.

SCHEIBENREITER, Franz: Das Aunjetitzer Gräberfeld Kirchenbergheide in Roggendorf, N. Ö. Archaeologia Austriaca, Heft 25, S. 74–87, Wien 1959

SCHWAMMENHÖFER, Hermann: Über die ur- und frühgeschichtlichen Befestigungen im Weinviertel. Mannus, Band 56, S. 87–108, Bonn/Wien 1990

SZOMBATHY, Josef: Bronzezeit-Skelette aus Niederösterreich und Mähren. Mitteilungen der Anthropologischen Gesellschaft in Wien, Band 64, S. 1–101, Wien 1934

TRNKA, Gerhard: Früh- und mittelbronzezeitliche Funde aus dem Museum Stillfried. Forschungen in Stillfried, Band 3, S. 15–20, Wien 1978

TRNKA, Gerhard: Nordische Flintdolche in Österreich. Archäologie Österreichs, Band 2, S. 4–10, Wien 1991

TRNKA, Gerhard: Eine frühbronzezeitliche Kreisgrabenanlage von Herzogbirbaum in Niederösterreich. Schriften des Vorarlberger Landesmuseums, Reihe A, Band 5, S. 73–76, Bregenz 1992

TRNKA, Gerhard: die frühbronzezeitliche Grabenanlage von Kollnbrunn in Niederösterreich. Mitteilungen der Anthropologischen Gesellschaft in Wien, Band 123/124, S. 277–300, Wien 1994

WENINGER, Josef: Eine seltsame Mehrfachbestattung aus Schleinbach. Archaeologia Austriaca, Heft 16, S. 1–27, Wien 1954

WENINGER, Margarete: Die Einzelbestattungen aus Schleinbach (N. Ö.). Archaeologia Austriaca, Heft 16, S. 28– 66, Wien 1954

WENINGER, Margarete: Die Skelette der frühbronzezeitlichen Hockergräber aus Würnitz, N. Ö. Archaeologia Austriaca, Heft 19/20, S. 129–157, Wien 1956

WILLVONSEDER, Kurt: Die Aunjetitzer Kultur. Aus: Die mittlere Bronzezeit in Österreich, S. 20–22, Leipzig 1937.

Bildquellen

Klaus Benz, Fotograf, Mainz-Laubenheim: 53
Friederike Hilscher-Ehlert, Königswinter: 51
Reproduktionen von Fotos aus dem Buch
»Deutschland in der Bronzezeit« (1996) von Ernst
Probst: 12, 13 (Archaeologicky ústav Akademie ved
CD, Prag), 28 (Karl Pröglhof, Niederösterreichische
Nachrichten, Redaktion Krems)
Reproduktion einer Karte aus dem Buch
»Deutschland in der Bronzezeit" (1996) von Ernst
Probst: 14 (Rainer Veit, Mainz, nach Angaben von Dr.
Johannes-Wolfgang Neugebauer, Bundesdenkmalamt
Wien)
Reproduktionen von Zeichnungen aus dem Buch
„Deutschland in der Bronzezeit« (1996) von Ernst
Probst: 9 (Reproduktion aus Jorn Street-Jensen:
Christian Jürgensen Thomsen und Ludwig
Lindenschmit: Eine Gelehrtenkorrespondenz aus der
Frühzeit der Altertumskunde (1853–1964), Mainz
1985), 19 (Reproduktion einer Zeichnung aus: Eduard
Beninger: Die frühbronzezeitliche Dorfanlage von
Groß-Mugl (Niederdonau). Mitteilungen der
Prähistorischen Kommission der Akademie der
Wissenschaften, Band 3–4, S. 47–89, Wien 1941)
Zeichnungen von Friederike Hilscher-Ehlert für das
Buch »Deutschland in der Bronzezeit« (1996) von
Ernst Probst: 1, 35

Die wissenschaftliche Graphikerin Friederike Hilscher-Ehlert

Friederike Hilscher-Ehlert wurde am 13. Dezember 1946 in Hamburg geboren. Sie absolvierte eine Ausbildung sowie ein Studium in den Fächern Kostümbild und Bühnenbild. Danach war sie mehrere Jahre lang an der Bühne tätig. Auf dem zweiten Berufsweg wurde sie wissenschaftliche Graphikerin mit dem Schwerpunkt Archäologie und arbeitete am Rheinischen Landesmuseum Bonn. Ihre Fachgebiete waren Restaurierung, Archäo-Botanik, Wissenschafts-Publikationen, Amtshilfe bei externen Projekten und Ausstellungskonzeption. Mit Lebensbildern von Menschen aus vergangenen Zeiten machte sie sich bereits einen Namen,

Der Autor Ernst Probst

Ernst Probst, geboren am 20. Januar 1946 in Neunburg vorm Wald im bayerischen Regierungsbezirk Oberpfalz, ist Journalist und Wissenschaftsautor. Er arbeitete von 1968 bis 1971 als Redakteur bei den »Nürnberger Nachrichten«, von 1971 bis 1973 in der Zentralredaktion des »Ring Nordbayerischer Tageszeitungen« in Bayreuth und von 1973 bis 2001 bei der »Allgemeinen Zeitung«, Mainz. In seiner Freizeit schrieb er Artikel für die »Frankfurter Allgemeine Zeitung«, »Süddeutsche Zeitung«, »Die Welt«, »Frankfurter Rundschau«, »Neue Zürcher Zeitung«, »Tages-Anzeiger«, Zürich, »Salzburger Nachrichten«, »Die Zeit«, »Rheinischer Merkur«, »Deutsches Allgemeines Sonntagsblatt«, »bild der wissenschaft«, »kosmos«, »Deutsche Presse-

Agentur« (dpa), »Associated Press« (AP) und den »Deutschen Forschungsdienst« (df). Aus seiner Feder stammen die Bücher »Deutschland in der Urzeit« (1986), »Deutschland in der Steinzeit« (1991), »Rekorde der Urzeit« (1992), »Dinosaurier in Deutschland« (1993 zusammen mit Raymund Windolf) und »Deutschland in der Bronzezeit« (1996). Von 2001 bis 2006 betätigte sich Ernst Probst als Buchverleger sowie zeitweise als internationaler Fossilienhändler und Antiquitäten-händler. Insgesamt veröffentlichte er mehr als 100 Bücher, Taschenbücher, Broschüren und E-Books.

Bücher von Ernst Probst

Affenmenschen
Von Bigfoot bis zum Yeti

Annie Oakley
Die Meisterschützin des Wilden Westens

Archaeopteryx. Der Urvogel aus Bayern

Christl-Marie Schultes. Die erste Fliegerin in Bayern
(zusammen mit Theo Lederer)

Cortés und Malinche. Der spanische Eroberer
und seine indianische Geliebte

Das Dinotherium-Museum Eppelsheim
Führer durch die Ausstellung
(zusammen mit Dr. Jens Lorenz Franzen
und Heiner Roos)

Der Europäische Jaguar

Der Mosbacher Löwe
Die riesige Raubkatze aus Wiesbaden

Der Rhein-Elefant
Das Schreckenstier von Eppelsheim

Der Schwarze Peter
Ein Räuber im Hunsrück und Odenwald

Der Ur-Rhein
Rheinhessen vor zehn Millionen Jahren

Deutschland im Eiszeitalter

Deutschland in der Frühbronzezeit

Deutschland in der Mittelbronzezeit

Deutschland in der Spätbronzezeit

Die Dolchzahnkatze *Megantereon*

Die Bronzezeit

Die Aunjetitzer Kultur

Die Straubinger Kultur

Die Adlerberg-Kultur

Die nordische Bronzezeit

Die Hügelgräber-Kultur

Die Lüneburger Gruppe in der Bronzezeit

Frauen im Weltall

Höhlenlöwen. Raubkatzen im Eiszeitalter

Johann Jakob Kaup
Der große Naturforscher aus Darmstadt

Julchen Blasius
Die Räuberbraut des Schinderhannes

Königinnen der Lüfte in Deutschland

Königinnen der Lüfte in Europa

Königinnen der Lüfte in Amerika

Königinnen der Lüfte von A bis Z

Königinnen des Tanzes

Malende Superfrauen

Meine Worte sind wie die Sterne
Die Entstehung der Rede des Häuptlings Seattle
(zusammen mit Sonja Probst)

Monstern auf der Spur
Wie die Sagen über Drachen, Riesen
und Einhörner entstanden

Österreich in der Frühbronzezeit

Österreich in der Mittelbronzezeit

Österreich in der Spätbronzezeit

Pompadour und Dubarry. Die Mätressen
von Louis XV.

Raub-Dinosaurier von A bis Z.
Mit Zeichnungen von Dmitry Bogdanav
und Nobu Tamura

Rekorde der Urmenschen
Erfindungen, Kunst und Religion

Rekorde der Urzeit
Landschaften, Pflanzen und Tiere

Säbelzahnkatzen. Von *Machairodus*
bis zu *Smilodon*

Säbelzahntiger am Ur-Rhein. *Machairodus*
und *Puramachairodus*

Seeungeheuer
Von Nessie bis zum Zuiyo-maru-Monster

Superfrauen aus dem Wilden Westen

Superfrauen 1 – Geschichte

Superfrauen 2 – Religion

Superfrauen 3 – Politik

Superfrauen 4 – Wirtschaft und Verkehr

Superfrauen 5 – Wissenschaft

Superfrauen 6 – Medizin

Superfrauen 7 – Film und Theater

Superfrauen 8 – Literatur

Superfrauen 9 – Malerei und Fotografie

Superfrauen 10 – Musik und Tanz

Superfrauen 11 – Feminismus und Familie

Superfrauen 12 – Sport

Superfrauen 13 – Mode und Kosmetik

Superfrauen 14 – Medien und Astrologie

Tony und Bruno Werntgen. Zwei Leben
für die Luftfahrt (zusammen mit Paul Wirtz)

Zenobia von Palmyra. Eine Frau kämpft
gegen die Römer

Bestellungen bei: http://www.grin.com